Dankeschön!

Für die freundliche Unterstützung bedanken wir uns herzlich bei Anja Gottwald, Lehrbeauftragte an der Universität Hamburg und seit vier Jahren selbst in Kindergärten und Grundschulen experimentierend (www.kenawis.de). Außerdem bei dem Erzieher Marco Lemke und den Kindern des Kindergartens „Mäuseburg“ in Osterby.

Die Experimente in diesem Buch sind von der Autorin und vom Verlag sorgfältig ausgewählt und geprüft. Dennoch kann keine Garantie übernommen werden. Eine Haftung der Autorin bzw. des Verlags und seiner Beauftragten für Personen-, Sach- und Vermögensschäden ist ausgeschlossen.

Anschrift: Postfach 10 03 25, 73703 Esslingen
www.esslinger-verlag.de

Text: Ruth Gellersen
Illustration: Ulrich Velte
Redaktion: Larissa Leibrock
Layout und Satz: Jenny Alber
ISBN 978-3-480-22470-8

Richtig clever!

Experimente rund ums Bauen

Ruth Gellersen · Ulrich Velte

esslinger

Vorwort

Liebe Eltern,

Kinder forschen und entdecken – den ganzen Tag! Gerade in den ersten Lebensjahren gehören für Kinder viele Dinge, die für Erwachsene ganz selbstverständlich sind, in die Welt der Experimente. So werden schon beim Zuknöpfen der eigenen Jacke oder beim Füllen eines Messbechers wichtige Erfahrungen gesammelt. Experimente müssen also nicht immer gleich knallen und zischen.

Forschen Sie gemeinsam mit ihrem Kind. Ermutigen Sie es, Fragen zu stellen, sich zu wundern und neue Dinge auszuprobieren. Denn es geht nicht um eine perfekte Ausführung der Experimente. Viel wichtiger ist, ihr Kind beim Entdecken seiner Umwelt zu unterstützen. Ohne vorgefertigte Antworten und Lösungsvorschläge, sondern mit viel Neugier, Zeit und Interesse.

In diesem Buch finden Sie Experimente:

- Für Einsteiger
- Für Fortgeschrittene
- Für Profis

Je nach Entwicklungsstand und Alter Ihres Kindes.

Die klaren Schritt-für-Schritt-Anleitungen erleichtern Ihrem Kind und Ihnen den Aufbau und die Durchführung der Experimente.
In den farbigen Kästen finden Sie kurze naturwissenschaftliche Erklärungen, Spielanleitungen, Sachtexte und Ideen rund um das jeweilige Experiment.

Viel Spaß beim gemeinsamen Experimentieren wünscht

Ruth Gellersen

Ruth Gellersen

Hallo Forscher!

Auf welchem Straßenbelag fahren deine Spielzeugautos am besten? Was ist ein Staudamm? Und wie unterscheidet sich ein Nagel von einer Schraube?

In diesem Buch erfährst du auch, wie du ganz einfach einen großen Kreis ziehen kannst und wie du Türme baust, die nicht so schnell zusammenstürzen.

Die allermeisten Experimente kannst du allein machen.
Wenn du dieses Bild siehst, experimentierst du am besten gemeinsam mit deinen Freunden.

Viele Zutaten findest du bei euch zu Hause – so kannst du gleich anfangen zu experimentieren.

Besonders spannend wird es oft dann, wenn ein Experiment nicht so klappt, wie beschrieben oder wie du es dir vorgestellt hast. Forsche dann doch einfach mal weiter – bestimmt entdeckst du noch viele andere tolle Dinge.

Viel Spaß beim Forschen und Experimentieren wünscht dir deine Entdecker-Eule

Inhaltsverzeichnis

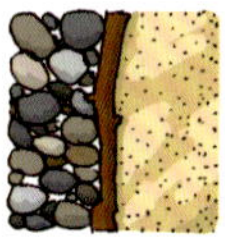

Straßenbau 10

Welche Straße ist am besten?

Riesen-Zirkel 12

Wie entsteht ein Kreis?

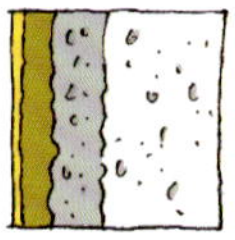

Gut gedämmt! 14

Wozu braucht man Dämmstoffe?

Geschickte Baukünstler 16

Transport auf Rädern 18

Schwere Lasten einfach bewegen

Lehmbau 20

Bau dir ein Haus aus Lehm

Mini-Bauhelm 22

Warum brauchen Bauarbeiter einen Helm?

Umgepustet?! 24

Was ist stabiler: Pappe oder Papier?

Rund um die Baustelle 26

STOPP! Staudamm! 28
Mit einem Staudamm Wasser stauen

Nagel oder Schraube? 30
Wie kommt die Schraube in das Holz?

Dach = Dach? 32
Was passiert auf dem Dach, wenn es regnet?

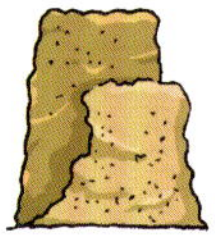
Kies oder Sand? 34
Welcher Baustoff hält am besten?

Berühmte Bauwerke 36

Wenn die Erde bebt 38
Erdbebensicher bauen

Eier – stark wie Säulen 40
Wie zerbrechliche Eier schwere Lasten tragen

Tragende Wände 42
Stabilität durch starke Wände

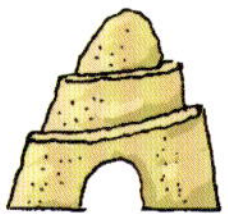
Bergstraßen 44
Welcher Weg ist am kürzesten?

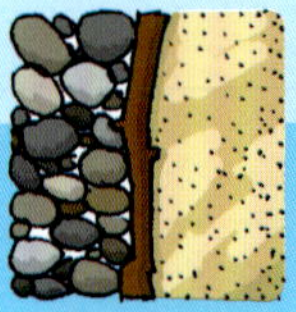

Straßenbau

Für Einsteiger

Es gibt Straßen aus Asphalt, Feldwege aus Sand und Gassen mit Kopfsteinpflaster. Auf welchem Untergrund fahren deine Spielzeugautos am besten?

Du brauchst:

- mehrere Stöckchen
- Sand
- Kieselsteine
- ein Holzbrett
- Rasen
- Spielzeugautos
- 

1 Lege im Garten oder im Park verschiedene Rennbahnen an. Mit den Stöckchen trennst du die Bahnen voneinander.

2 Streue auf eine Bahn Sand, auf eine andere Kieselsteine. Lege das Holzbrett daneben. Lass eine Bahn mit Gras als Untergrund frei.

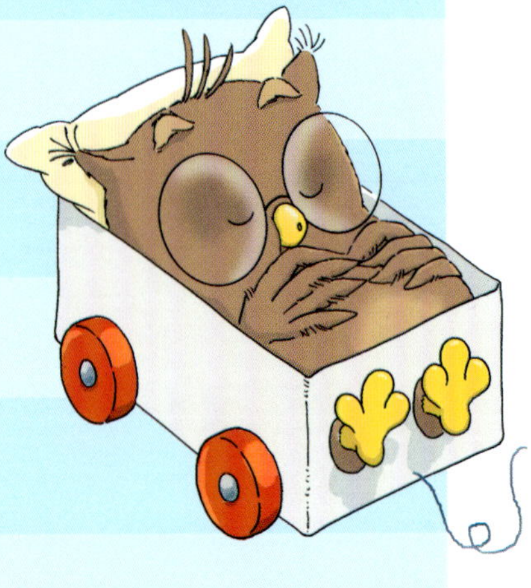

Jedes Kind stellt sein Spielzeugauto an den Start. Los geht's: Auf welchem Belag fährt das Auto gut, auf welchem nicht?

??? Was passiert?

Auf glatten, ebenen Untergründen wie dem Holzbrett fahren die Spielzeugautos gut. Ungleichmäßige, holprige Straßenbeläge bremsen die Fahrt des Autos, zum Beispiel, wenn die Räder im Sand versinken oder an Steinen hängen bleiben.

Römische Straßen ?!

Zur Zeit der Römer entstanden viele gut ausgebaute Straßen, die bei jedem Wetter passierbar waren. Sie unterschieden sich von den damals üblichen unbefestigten Feld- und Waldwegen, die zum Teil bei Regen nicht benutzt werden konnten. Die römischen Straßen verliefen häufig ohne größere Steigungen und scharfe Kurven. Sie bestanden aus mehreren Schichten (u. a. Steine, Kies, Sand und Steinplatten). Zu beiden Seiten wurde das Regenwasser in Gräben geleitet und konnte dort versickern.

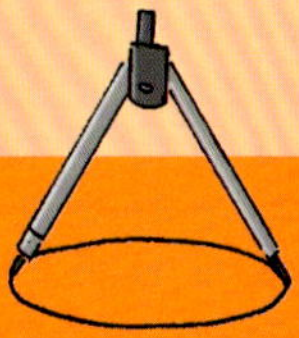

Riesen-Zirkel

Für Fortgeschrittene

Du brauchst:

- Packpapier
- einen Stift
- eine Schnur
- 

Gerade Linien werden auf einer Baustelle zum Beispiel mit einer gespannten Schnur oder einem Richtscheit (langes Lineal) angelegt. Aber wie entsteht ein Kreis?

1 Breite das Packpapier auf dem Boden aus.

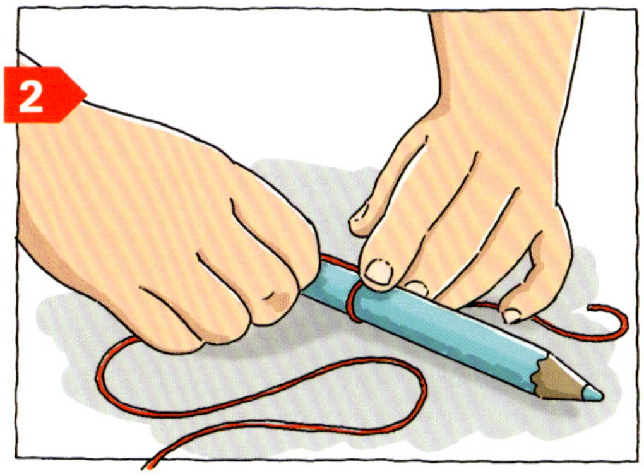

2 Knote ein Ende der Schnur an den Stift.

Deine Freundin oder dein Freund drückt das andere Ende der Schnur in die Mitte des Papiers und hält dieses gut fest.

Ziehe mit dem Stift einen Kreis um deinen Freund. Achte darauf, dass die Schnur die ganze Zeit gespannt ist.

??? Warum ist das so?

Solange die Schnur straff gespannt ist, hält sie immer den gleichen Abstand zur Kreismitte ein. So zeichnest du mit dem Stift einen gleichmäßigen Kreis. Hängt die Schnur dagegen an einer Stelle durch, malst du statt des Kreises ein Oval. Das sieht ungefähr so aus wie ein Ei.
Auf Baustellen wird zum Beispiel vor dem Einsetzen eines runden Fensters ein Kreis auf die Wand gezeichnet.

… noch mehr Spaß!

Ziehe mit Kreide mehrere Kreise auf Asphalt (nur dort, wo keine Autos fahren). Ein Kind erhält eine Trillerpfeife und ist der Fänger. Die übrigen Spieler laufen durcheinander bis ein Pfiff ertönt: Nun springt jeder so schnell wie möglich in einen Kreis. Gleichzeitig versucht der Fänger einen Spieler anzutippen. Wer berührt wird, darf als nächstes fangen.

Gut gedämmt!

Für Profis

Viele Häuser werden mit einer Wärmedämmung gebaut. Wozu braucht man so etwas?

Du brauchst:

- zwei gleich große Kartons mit Deckel
- ein Messer oder eine Schere
- Klebstoff
- Dämmstoff (z.B. aus Styropor)
- zwei warme, gekochte Eier

1 Beklebe das Innere eines Kartons und seines Deckels gleichmäßig mit dem Dämmstoff. Am besten ohne Lücken oder Löcher.

2 Lege in jeden Karton ein warmes Ei und verschließe beide Kartons mit dem Deckel. Nun heißt es abwarten.

Fühle nach einer halben und nach einer ganzen Stunde, wie warm die Eier sind. Welchen Unterschied bemerkst du?

??? Was passiert?

Das Ei in dem Karton ohne Dämmstoff wird schneller kalt als das Ei im gedämmten Karton. Das funktioniert beim Hausbau ebenso: Die Dämmstoffe in den Wänden, auf dem Dach und im Fußboden sorgen dafür, dass die Wärme länger im Haus bleibt. Überall in deiner Umgebung entdeckst du das Prinzip „Dämmung“. Zum Beispiel bleibt dein Tee in einer Thermoskanne länger warm als in einer normalen Glasflasche.

Früh gedämmt ?!

Seit langem dämmen Menschen ihre Häuser und Hütten mit Dämmstoffen. Diese sollen im Winter die Wärme möglichst lange im Inneren eines Hauses speichern und dafür sorgen, dass es im Sommer im Haus kühl bleibt. Dafür werden verschiedene Stoffe verwendet, zum Beispiel Stroh, Mineralwolle, Polystyrolschaumstoff und sogar Seegras. Auch unsere warme Kleidung im Winter funktioniert als Dämmung. Sie sorgt dafür, dass die Wärme unseres Körpers in der Kälte nicht verloren geht.

Geschickte Baukünstler

Geheimnisvolle Gespinste

Die Larven einiger Schmetterlingsarten, manche Spinnentiere und viele Insekten weben eine Behausung aus vielen feinen Fäden. Dieses nennt man Gespinst. Darin verkriechen sich zum Beispiel Larven von Schmetterlingen (Raupen) zum Verpuppen. Auch verschiedene Spinnenarten bewohnen Gespinste oder fangen Beute darin.

Uralte Bauten

Dachse leben in großen Familien in weit verzweigten Bauten, die in den Waldboden gegraben werden. Häufig werden die Bauten über viele Jahrzehnte oder sogar Jahrhunderte weiterbewohnt. Jede Generation erweitert den Bau um neue Kammern und Gänge. Die Wohnkammern werden mit Laub und Moos ausgepolstert. Dazwischen führen viele Gänge an die Erdoberfläche.

Haushoch gebaut

Viele Vogelarten errichten ihre Nester in schwindelerregenden Höhen: Sie bauen ihre Brutplätze zum Beispiel in Büsche und Bäume, in Kirchtürme und an Felsklippen. Manche Nester werden über Jahre hinweg stetig vergrößert und weitergebaut. Die Horste (Nester) einiger Greifvogelarten, wie beispielsweise des Weißkopfseeadlers oder des Bartgeiers, können so mehrere Meter breit und hoch werden.

Termiten-Bauten

Termiten kommen dort vor, wo es warm ist: Zum Beispiel in Afrika oder Australien. Ebenso wie die Ameisen, mit denen sie allerdings nicht verwandt sind, leben Termiten in Staaten. Sie bauen ihre Nester unter der Erde oder in Holz. Nicht selten wachsen diese Nester mit der Zeit zu hohen Bauten an. Die Termitenbauten bestehen aus Erde, Kotresten und zerkautem Holz. Manche der Nester werden bis zu 7 Meter hoch!

Wespennester

Manche Wespenarten, zu denen übrigens auch die imposanten Hornissen gehören, bauen Nester aus Holz und Speichel. Die Wespen zerkauen das Holz. Dadurch entsteht ein papierartiger Brei. Viele Nester sind unten offen, damit Kot und Unrat herausfallen. In manchen Nestern können mehrere Zehntausende Wespen wohnen.

Transport auf Rädern

Für Einsteiger

Mit diesem Experiment findest du heraus, wie du einen Berg Sand auf deiner eigenen Baustelle am besten transportierst.

Du brauchst:

- zwei Eimer
- etwas Sand
- eine Kinderschubkarre

1 Fülle die Eimer mit Sand.

2 Nimm in jede Hand einen Eimer und trage diese einige Meter weit.

3 Kippe den Sand aus den Eimern nun in die Schubkarre.

4

Transportiere dieselbe Menge Sand mit der Schubkarre. Gehe dafür denselben Weg, den du auch mit den Eimern zurückgelegt hast.

??? Was passiert?

Es ist viel einfacher, wenn du den Sand in der Schubkarre schiebst, als wenn du ihn in den Eimern trägst. Denn bei der Schubkarre verteilt sich die Last auf das Rad und deine Arme. Zum Anschieben benötigst du daher weniger Kraft als zum Tragen.

... noch mehr Spaß!

Für die Rallye brauchst du einige Mitspieler, zwei Kinderschubkarren und zehn Bälle. Bildet zwei gleich große Mannschaften. Legt den Start und das Ziel fest. Jede Mannschaft erhält fünf Bälle. Die beiden ersten Spieler jeder Mannschaft stellen sich mit einer Schubkarre, in der jeweils ein Ball ist, an den Start. Nun schieben die Spieler so schnell wie möglich den Ball ins Ziel und laufen mit der Schubkarre zurück. Jetzt wird gewechselt. Die Mannschaft, die zuerst alle Bälle ins Ziel gebracht hat, gewinnt.

Lehmbau

Für Profis

Du brauchst:

- Lehm (z.B. aus dem Baustofffachhandel)
- Wasser
- eine Schüssel
- einen Rührlöffel
- alte Kleidung
- einen sonnigen Sommertag

Lehm ist ein sehr alter Baustoff. Bereits seit Tausenden von Jahren bauen Menschen Häuser aus Lehm oder setzen Lehm als Dämmmaterial und zum Verputzen ein. So stellst du Ziegel aus Lehm her.

1 Rühre den Lehm mit Wasser an. Knete ihn so lange, bis du einen geschmeidigen Teig bekommst, der sich gut formen lässt.

2 Forme kleine Ziegel. Dafür kannst du auch eine Form, zum Beispiel ein Sandförmchen, verwenden.

Hab etwas Geduld: Lege die Ziegel zum Trocknen auf einen Kuchenrost. Stelle den Rost an einen warmen Ort, jedoch nicht in die Sonne, weil die Ziegel sonst reißen können.

Was möchtest du bauen? Ein Haus, eine Garage oder einen Stall? Setze die getrockneten Ziegel aufeinander. Du kannst die Steine mit etwas frischem Lehm aneinander kleben.

??? Warum ist das so?

Lehm besteht aus einem Gemisch aus Ton und Sand. Durch den Tonanteil lässt sich der Lehm gut verarbeiten. Denn in Verbindung mit Wasser wirkt der Ton wie ein Klebstoff. Daher kannst du aus dem Lehm haltbare Figuren oder Steine formen. Durch die Wärme entweicht das Wasser und der Lehm wird fest.

Nester aus Lehm

Mehlschwalben und Rauchschwalben bauen ihre Behausungen aus Lehm. Dafür tragen sie Lehmklümpchen in ihren Schnäbeln zu dem Ort, an dem sie brüten wollen. So entstehen mit der Zeit Nester. Bei Bedarf erweitern sie die Nester einfach mit neuem Lehm oder bauen zusätzliche Behausungen dazu. Mehlschwalben errichten ihre Nester dicht beieinander, Rauchschwalben nisten entweder neben Artgenossen oder als einzelnes Paar.

Mini-Bauhelm

Für Fortgeschrittene

Warum siehst du auf einer Baustelle so viele Menschen mit Helmen? Wozu sind die Helme da?

Du brauchst:

- zwei reife Kirschen
- ein Kunststoffei, zum Beispiel von Schokoladeneiern
- ein wenig Toilettenpapier

1

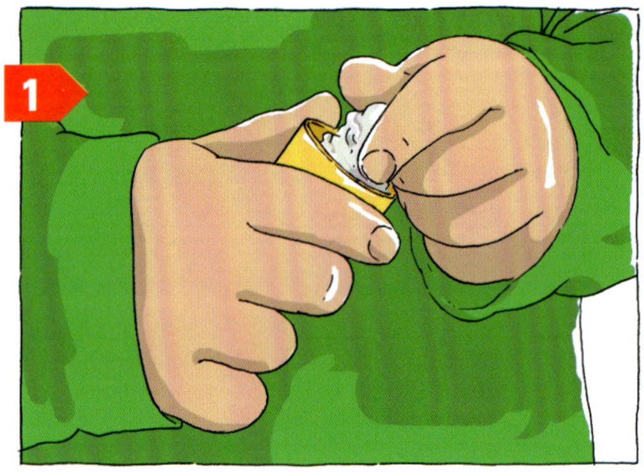

Polstere ein Kunststoffei innen mit Toilettenpapier aus.

2

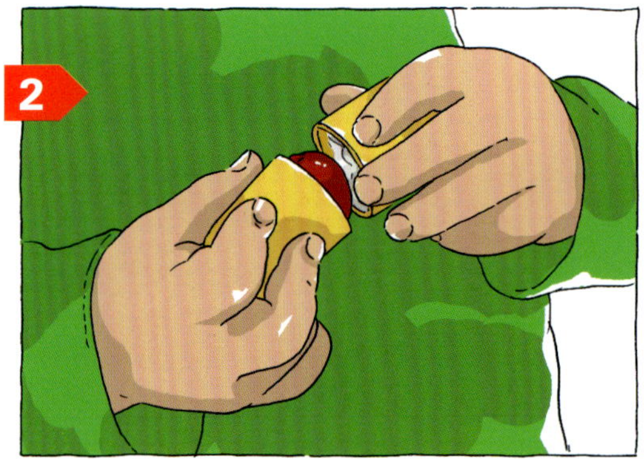

Lege eine Kirsche in das Ei und verschließe es.

3

Lass zuerst die andere Kirsche fallen, danach das Kunststoffei.

Öffne das Kunststoffei und vergleiche die beiden Kirschen.

??? Was passiert?

Die Kirsche wird durch den „Kunststoffhelm“ geschützt. Sie zerplatzt nicht so leicht wie die ungeschützte Frucht. Aus diesem Grund tragen Handwerker, Architekten und Ingenieure auf einer Baustelle einen Helm. Denn dort ist die Verletzungsgefahr groß: Man kann sich leicht den Kopf anstoßen und es können Gegenstände, wie Ziegelsteine oder Holzlatten, herunterfallen.

Kopfschutz

Trägst du manchmal auch einen Helm? Beim Radfahren schützt er deinen Kopf, falls du hinfällst. Aber auch manche Sportler tragen Helme, zum Beispiel beim Eishockey, Football oder im Rennsport. Im Straßenverkehr müssen auch Motorradfahrer einen Schutzhelm tragen. Hat der Schutzhelm einmal einen Stoß abgefangen, muss er durch einen neuen ersetzt werden. Denn das Material innen kann beschädigt sein, auch wenn man es dem Helm äußerlich nicht ansieht.

Umgepustet?!

Für Profis

Du brauchst:

- einen Bogen Papier
- einen Bogen Tonkarton
- einen Stift
- eine Schere
- Klebestreifen
- einen Tischtennisball
- ein Spielzeugauto
- einen Bauklotz

Was ist stabiler: Ein Haus aus Papier oder ein Haus aus Pappe? Bei diesem Experiment findest du es heraus.

1

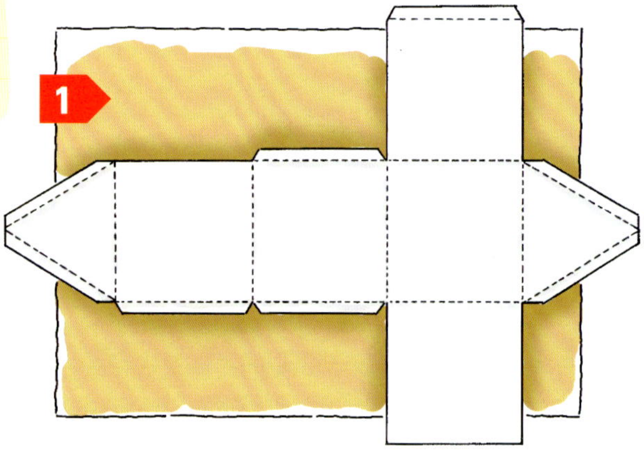

Zeichne ein Haus auf das Papier und eines auf die Pappe. Auf dem Bild siehst du eine Vorlage. Lass dir dabei von einem Erwachsenen helfen.

2

Schneide beide Häuser aus und klebe sie an den gestrichelten Linien zusammen. Lass sie trocknen.

3

Stelle die Häuser auf und puste kräftig dagegen. Lass das Spielzeugauto und den Tischtennisball gegen die Häuser rollen. Welches Haus bewegt sich eher? Welches kippt leichter um?

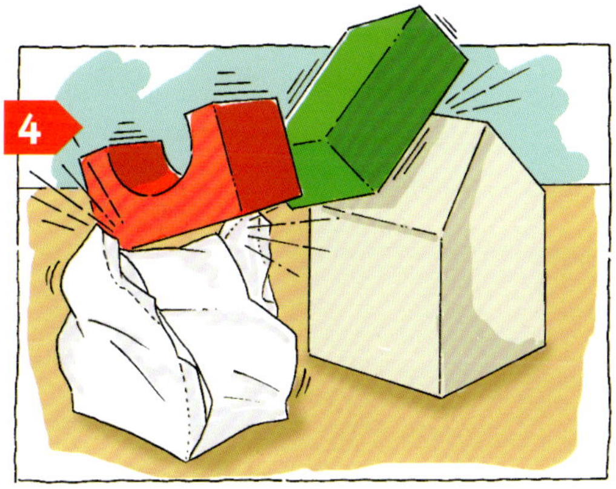

4

Lege einen Bauklotz auf die Dächer. Lass ihn dann aus geringer Höhe auf die Dächer der beiden Häuser fallen. Was stellst du fest?

??? Was passiert?

Das Haus aus Papier ist viel leichter und weniger stabil als das Haus aus der festen Pappe. Dieses kippt nicht so schnell um wie das Papierhaus. Genauso ist es auch mit den Dächern: Das Papierdach stürzt leichter ein als das aus Pappe.

… noch mehr Spaß!

Du kannst aus Pappe ganz einfach ein Spielhaus basteln. Dafür brauchst du zwei große Pappstücke (etwa gleich groß), Klebeband und ein großes Stück Stoff. Am einfachsten ist es, wenn du das Spielhaus mit einer Freundin oder einem Freund baust. Lehne die Pappe so gegeneinander, dass sie mit dem Boden ein Dreieck bilden. Befestige sie dann mit dem Klebeband aneinander. Lege den Stoff so über das Dreieck, dass die beiden Seitenöffnungen bedeckt sind. Nun kannst du das Spielhaus drinnen oder im Garten aufstellen.

Rund um die Baustelle

Auf einer Baustelle sind viele Maschinen im Einsatz. Jede Maschine hat eine besondere Aufgabe, zum Beispiel Lasten heben oder Baustoffe verarbeiten.

Kran

Mit einem Kran kann man schwere Lasten heben und versetzen. Es gibt bewegliche Kräne und Kräne, die fest an einem Ort bleiben.

Bagger

Bagger werden auf vielen, ganz unterschiedlichen Baustellen eingesetzt. Im Straßenbau heben sie Kanäle und Gräben aus, in denen Rohre oder Kabel verlegt werden. Es gibt auch ganz große Bagger. Man verwendet sie zum Abbau von Rohstoffen aus der Erde, wie zum Beispiel Braunkohle. Beim Bau von Häusern wird die Baugrube mit dem Bagger ausgehoben. In diese Baugrube wird der Keller eines Hauses gebaut.

Betonmischer-Fahrzeug

Der Betonmischer auf dem LKW dreht sich während der Fahrt zur Baustelle, damit der Beton nicht zu früh erhärtet. Außerdem muss er gleichmäßig gemischt sein, wenn er später auf der Baustelle verarbeitet wird.

Zementmischer

Auf manchen Baustellen gibt es Zementmischer. Auch sie drehen sich und vermischen dabei Sand, Zement und Wasser zu Mörtel, mit dem gemauert wird.

Achtung, fallende Ziegel!

Damit es auf einer Baustelle nicht zu Unfällen kommt, müssen alle, die dort arbeiten, einige Sicherheitsvorschriften beachten:

Bei bestimmten Arbeiten ist ein **Schutzhelm** vorgeschrieben. Dieser schützt den Kopf, zum Beispiel vor herabfallenden Steinen. Auch wenn Lasten mit einem Kran angehoben werden oder mehrere Bauarbeiter übereinander arbeiten, ist ein Helm Pflicht. Um die Hände zu schützen, tragen Bauarbeiter meist **Arbeitshandschuhe** und an den Füßen spezielle **Sicherheitsschuhe**.

Wird Stahl geschnitten, sorgt eine **Schutzbrille** dafür, dass herumfliegende Funken nicht in die Augen geraten. Auch beim Absägen von Holz mit der Kreissäge können Holzspäne in die Augen gelangen. Beim Schweißen werden spezielle Schutzbrillen getragen, die zusätzlich vor dem sehr hellen Licht, das dabei entsteht, schützen.

Im Straßenbau tragen alle Bauarbeiter **Warnwesten**. Ihre leuchtenden Farben machen Autofahrer und alle anderen Verkehrsteilnehmer schon von Weitem auf die Baustelle aufmerksam.

STOPP! Staudamm!

Für Fortgeschrittene

Manche Bauwerke stehen im Wasser, zum Beispiel Staudämme. Wie funktioniert ein Staudamm? Am besten experimentierst du im Garten oder auf dem Spielplatz.

Du brauchst:

- eine Wanne
- eine Gießkanne oder einen Eimer
- Wasser
- Material zum Abdichten, zum Beispiel Steine, kurze Bretter, Schlamm, Zweige

1 Gieße das Wasser in die Wanne. Du kannst beobachten, wie es sich gleichmäßig in der Wanne verteilt. Der Wasserspiegel steigt überall langsam an.

2 Schütte das Wasser zurück in den Behälter oder in ein Blumenbeet.

3 Teile ein Stück der Wanne ab. Errichte dafür eine Wand aus deinem Material zum Abdichten. Versuche, deinen Staudamm so zu bauen, dass er möglichst dicht ist.

Gieße dann Wasser in einen Teil der Wanne. Was beobachtest du jetzt?

??? Was passiert?

Das Wasser staut sich zunächst am Staudamm. Auf dieser Seite steigt es an, während auf der anderen Seite nur langsam Wasser durchsickert. Sobald das Wasser die obere Grenze der Wand erreicht hat oder der Damm bricht, fließt es in den anderen Teil der Wanne. Staudämme werden angelegt, um größere Wassermengen zur Verfügung zu haben, zum Beispiel als Wasservorrat und um Strom zu erzeugen.

Biber-Damm

Damit das Wasser um den Bau herum immer gleich hoch steht, errichten Biber Dämme, mit denen sie das Wasser rund um ihren Bau herum stauen. Diese Dämme können mehrere hundert Meter lang werden. Dafür fällen die Biber Baumstämme. Mit diesen Stämmen, sowie mit Zweigen, Ästen, Schilf und Schlamm stauen sie das Wasser eines Sees oder Flusses auf. Auch die Wohnbauten der Biber bestehen aus diesen Baumaterialien. Sie werden Burgen genannt.

Nagel oder Schraube?

Für Profis

Nägel und Schrauben nutzt man, um verschiedene Bauteile miteinander zu verbinden. Wie setzt man sie ein?

Du brauchst:

- einen alten Tisch
- ein Holzbrett
- zwei Schraubzwingen
- einen Nagel
- einen Hammer
- eine Schraube
- einen Schraubenzieher

Führe diesen Versuch mit einem Erwachsenen durch – am besten an einem alten Gartentisch oder an einer Werkbank. Befestige das Stück Holz mithilfe der Schraubzwingen.

Schlage den Nagel mit dem Hammer in das Holzbrett.

Drehe die Schraube mit dem Schraubenzieher in das Holzbrett.

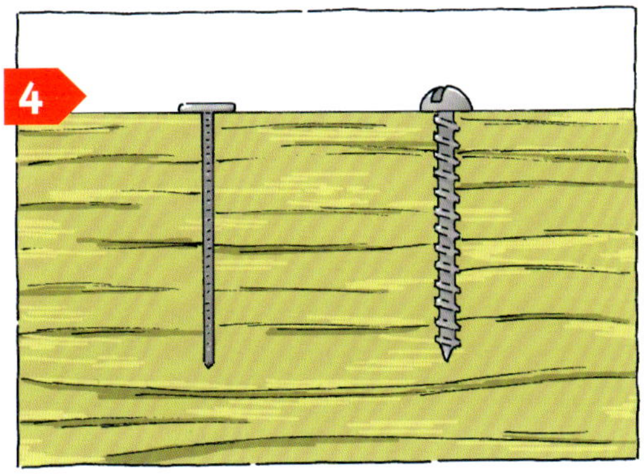

Vergleiche: Was geht einfacher, das Hämmern oder das Schrauben? Und was bekommst du leichter wieder aus dem Holz heraus?

??? Was passiert?

Den Nagel kannst du recht leicht in das Holz schlagen. Um die Schraube in das Brett zu drehen, brauchst du mehr Kraft und Geschicklichkeit. Drehst du die Schraube anschließend mit dem Schraubenzieher in die andere Richtung, kannst du sie einfach aus dem Brett entfernen. Dies geht mit dem Nagel nicht so leicht. Um ihn aus dem Holz zu entfernen, benötigst du eine Zange.

... noch mehr Spaß!

Aus einem Holzklotz (am besten mit abgerundeten Ecken) und langen Nägeln kannst du einen Igel bauen. Male den Holzklotz mit brauner Farbe an. Lass die Farbe gut trocknen. Schlage möglichst viele Nägel in den Holzklotz. Die Unterseite und eine kurze Seite bleiben jedoch frei. Auf die kurze Seite malst du die Augen und Nase des Igels.

Dach = Dach?

Für Fortgeschrittene

Manche Häuser haben spitze, andere Häuser haben flache Dächer. Was geschieht, wenn starker Regen auf die Dächer fällt?

Du brauchst:

- drei rechteckige Kunststoffdeckel oder Frühstücksbrettchen
- Klebestreifen
- Bauklötze
- eine Gießkanne
- Wasser
- einen Untergrund, der nass werden darf, z.B. aus Steinen oder Fliesen

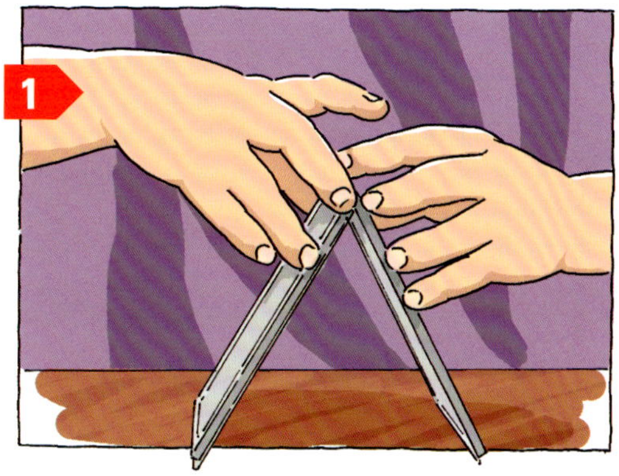

Lehne zwei Deckel so gegeneinander, dass ein spitzes Dach entsteht. Befestige sie mit Klebestreifen aneinander und am Boden, damit sie nicht verrutschen.

Lege den dritten Deckel auf zwei Wände aus Bauklötzen.

3

Fülle Wasser in die Gießkanne. Gieße das Wasser wie Regen auf die beiden Dächer.

??? Was passiert?

Der Regen, also das Wasser aus der Gießkanne, läuft auf dem Spitzdach gut ab. Die Tropfen rinnen durch die starke Neigung nach unten. Beim Flachdach dagegen kann das Wasser nicht ablaufen, es sammelt sich auf dem Dach. Hierfür haben Flachdächer Abflüsse, die das Regenwasser durch Rohre nach unten leiten.

Auf's Dach geschaut

Viele Häuser werden mit Dachziegeln bedeckt. Diese bestehen häufig aus gebranntem Ton. Je nach ihrer Form haben sie unterschiedliche Namen, zum Beispiel Biberschwänze. Es werden auch andere Materialien zur Dachbedeckung verwendet, zum Beispiel Schiefer, Beton oder Metall. Manche Kirchen haben Dächer aus Kupferblechen. Bei Reetdachhäusern bestehen die Dächer aus getrocknetem Schilfrohr, das gebündelt auf dem Dachstuhl befestigt wird.

Kies oder Sand?

Für Einsteiger

Du kannst mit ganz unterschiedlichen Materialien bauen: Kies, Sand, Erde ... Welcher Baustoff hält am besten?

Du brauchst:

- einen Untergrund für dein Bauwerk, z.B. einen Sandkasten
- einen kleinen Sandeimer
- verschiedene Baustoffe, z.B.:
  - Sand
  - Erde
  - Kies
  - Wasser

1

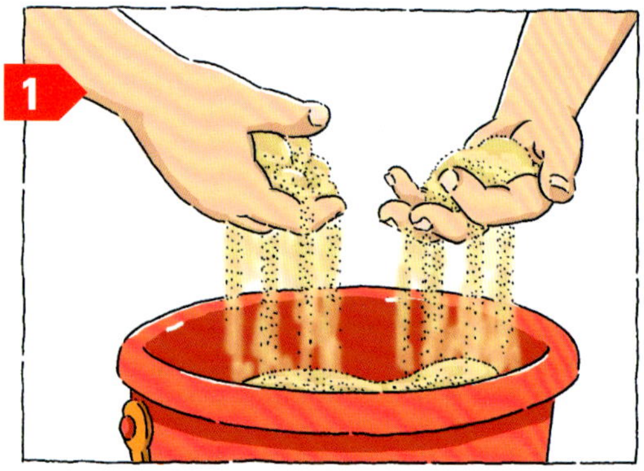

Fülle den Eimer bis zum Rand mit Sand. Drehe ihn dann herum und ziehe ihn nach oben weg, sodass ein Turm aus Sand entsteht.

2

Nimm noch einmal Sand und vermische ihn mit Wasser. Baue aus diesem Sand-Wasser-Gemisch mithilfe des Eimers einen zweiten Turm.

3

Baue einen Turm aus Erde und einen Kieselturm. Vergleiche alle vier Türme. Was erkennst du?

??? Warum ist das so?

Zum Bau der Türme verwendest du immer die gleiche Bauform: den Eimer. Dennoch sind die Türme unterschiedlich stabil. Einige stürzen schneller ein als andere. Das liegt an den Baustoffen, die du verwendest. Ein feuchtes Sand-Wasser-Gemisch lässt den Turm gut stehen. Baust du mit Kies oder sehr trockenem Sand, fällt der Turm schnell in sich zusammen. Nicht alle Baustoffe sind also gleich gut geeignet, um zu bauen: Je besser die kleinen Teilchen, also Sand, Wasser und Lehm, aneinander „kleben“, desto besser hält der ganze Turm.

... noch mehr Spaß!

Auch mit Knete kann man bauen. So machst du sie ganz einfach selbst: Koche 250 ml Wasser (am besten mit einem Erwachsenen) auf und rühre dann 8 Löffel Speiseöl, ein Päckchen Lebensmittelfarbe, 100 g Salz und 200 g Mehl in das Wasser. Ist die Masse getrocknet, kannst du Bauwerke daraus formen.

Berühmte Bauwerke

Antike Pyramiden

Die Pyramiden von Gizeh befinden sich in Ägypten, in der Nähe der Hauptstadt Kairo. Sie wurden um 2500 vor Christus errichtet. Vermutlich dienten sie den Pharaonen als großartige Grabmale. Die Pyramiden von Gizeh gehören zu den Sieben Weltwundern. Vor einer der Pyramiden steht eine riesige Sphinx. Das Wesen aus Stein hat den Körper eines Löwen und den Kopf eines Menschen. Es ist etwa 20 Meter hoch.

Die Akropolis

Die Stadtburgen im antiken Griechenland werden Akropolis genannt. Am bekanntesten ist der Burgberg in Athen. Diese gewaltige Stadtfestung diente als Königspalast, bot Schutz vor Angriffen und sollte Reichtum und Macht zeigen. Auch wichtige Tempel und Altäre wurden in ihrem Inneren errichtet. Heute kann man noch die Ruinen der Akropolis in Athen besichtigen.

Ein Märchenschloss

Ludwig II., König von Bayern, ließ das Schloss Neuschwanstein errichten. Es ist eines der bekanntesten Schlösser in Deutschland. Mit seinen vielen Türmen sieht es aus wie ein Schloss aus dem Märchen ...

Der Schiefe Turm von Pisa

Dieser berühmte Turm steht in der Stadt Pisa in Italien. Noch während des Baus, der im 12. Jahrhundert begann, neigte sich der Turm zur Seite, denn der Untergrund gab unter dem Gewicht des Turms teilweise nach. Der Schiefe Turm ist etwa 54 Meter hoch.

Turm aus Stahl

In Paris, der Hauptstadt von Frankreich, steht der Eiffelturm. Er ist das Wahrzeichen der Stadt und wurde in den Jahren 1887 bis 1889 erbaut. Der Eiffelturm ist 300 Meter hoch.

Wenn die Erde bebt ...

Für Einsteiger

Du brauchst:

- viele Bauklötze
- einen Tisch

Bei einem Erdbeben können ganze Gebäude einstürzen. Wackle am Tisch und finde heraus, welche deiner Türme besonders leicht zusammenfallen.

1

Baue einen Turm aus Bauklötzen.

2

Wackle am Tisch, sodass der Untergrund deines Turmes sich wie bei einem Erdbeben bewegt. Was geschieht? Beobachte, wie der Turm auseinanderfällt.

3

Baue Türme mit verschiedenen Grundflächen (quadratisch, rechteckig, rund ...). Schichte die Steine dabei unterschiedlich aufeinander.

Lass die Erde erneut beben.
Was stellst du fest?

??? Was passiert?

Wie stabil deine Türme sind, hängt von deiner Bauweise ab. Eine große, quadratische Grundfläche gibt viel Halt – vor allem, wenn der Turm dann nicht so hoch und eher pyramidenförmig ist. Wichtig ist auch, wie du die Steine aufeinandersetzt. Wenn die Fugen zwischen den Steinen nicht direkt übereinander liegen, wird dein Turm stabil. Je stärker du am Tisch wackelst, desto stärker ist auch das Erdbeben, das du nachstellst.

Der Boden wackelt ?!

Für ein Erdbeben kann es verschiedene Gründe geben: Manche Erdbeben werden durch das Ausbrechen von Vulkanen ausgelöst. Andere entstehen, wenn unter der Erde große Hohlräume im Gestein einstürzen.

Unsere Erdoberfläche besteht aus großen Platten, die ständig in Bewegung sind. Die schwersten Erdbeben entstehen, wenn sich diese Platten plötzlich ruckartig bewegen.

Eier – stark wie Säulen

Für Profis

Manche Gebäude oder Dächer werden von schweren Säulen gestützt. Aber nicht nur Steine können große Lasten tragen – auch Eier halten einiges aus!

Du brauchst:

- einen Eierkarton (für sechs Eier)
- eine Schere
- sechs etwa gleich große Eier
- ein Holzbrett
- eine Last, zum Beispiel einige Bücher oder einen Stein

Schneide den Deckel und die Höcker im Eierkarton ab.

Stelle die sechs Eier in den Karton.

Lege das Holzbrett auf die Eier.

Staple mehrere Bücher auf das Brett. Wie viele Bücher können die Eier tragen, ohne zu zerbrechen?

??? Warum ist das so?

Das Holzbrett sorgt dafür, dass sich die Last gleichmäßig auf alle sechs Eier verteilt. Die Eier leiten die Last nach unten weiter. Deshalb können die Eier – ähnlich wie Säulen aus Stein – das Gewicht der Bücher tragen.

Starke Säulen

Säulen sind runde Stützen, die zumeist aus Stein, aber auch aus Holz oder Metall gebaut sind. Sie stehen frei im Raum und stützen meist Dächer. Mehrere Säulen nebeneinander ersetzen in manchen Bauwerken die Wände.
Säulen können ganz glatt, mit Rillen oder mit verschiedenen Verzierungen versehen sein. Ein bekanntes Gebäude mit vielen Säulen ist das Brandenburger Tor. Es steht in Berlin.

Tragende Wände

Für Einsteiger

Verschiebe die Wände in diesem Haus und finde heraus, wann sie die Decke gut tragen und wann das Dach einstürzt.

Du brauchst:

- Bausteine zum Zusammenstecken
- mehrere Stücke Pappe, die unterschiedlich dick und fest sind
- einen Bauklotz

Stecke zwei gleich hohe Wände aus den Bausteinen zusammen und stelle sie voreinander. Lass etwas Abstand zwischen den Wänden. Lege die Pappe als Dach über die beiden Mauern.

Lege den Bauklotz auf das Hausdach. Was geschieht? Lass ihn aus verschiedenen Höhen auf das Dach fallen. Was beobachtest du jetzt?

Verschiebe die Wände und probiere aus, was mit deinem Dach passiert, wenn du den Bauklotz auflegst oder fallen lässt. Wann stürzt das Dach schnell ein? Wann hält es länger?

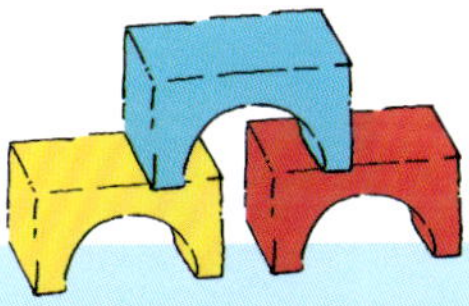

??? Warum ist das so?

Dein Dach hält umso besser, je dicker und starrer es ist, je dichter die Wände zusammenstehen und je geringer die Höhe ist, aus der du den Bauklotz fallen lässt. Die Wände geben dem Dach Stabilität, weil sie die Gewichtskraft, die der Bauklotz auf das Dach ausübt, in den Boden weitergeben.

… noch mehr Spaß!

Bei diesem Spiel bilden mehrere Kinder zusammen eine „lebende Wand": Bis auf zwei Spieler stellen sich alle anderen Kinder dicht nebeneinander in eine Reihe. Sie halten sich an den Händen oder umfassen sich an den Schultern, Rücken oder an den Bäuchen.

Auf los geht's los: Die beiden Spieler, die so lange gewartet haben bis die Wand „gebaut" wurde, versuchen nun, diese zu durchqueren. Dabei dürfen sie zum Beispiel die anderen kitzeln oder zwischen ihren Beinen hindurchkrabbeln.

Bergstraßen

Für Fortgeschrittene

Drei Straßen: Eine führt um den Berg herum, eine über ihn hinweg, eine führt direkt durch ihn hindurch. Welche Straße ist am kürzesten?

Du brauchst:

- feuchten Sand
- eine Schaufel
- einen Löffel
- drei verschiedenfarbige Wollfäden, zum Beispiel rot, blau, grün
- einen Stein
- eine Schere

1

Schütte einen großen Berg Sand auf und klopfe ihn mit der Schaufel fest. Grabe mit dem Löffel einen Tunnel unten durch den Berg.

2

Lege das Ende der roten Schnur vor den Tunnel und beschwere es mit einem Stein. Führe die Schnur durch den Tunnel und schneide sie direkt am anderen Ausgang durch.

3

Führe die grüne Schnur vom Stein aus um den Berg herum. Schneide sie an der Stelle durch, an der sie auf das Ende der roten Schnur trifft.

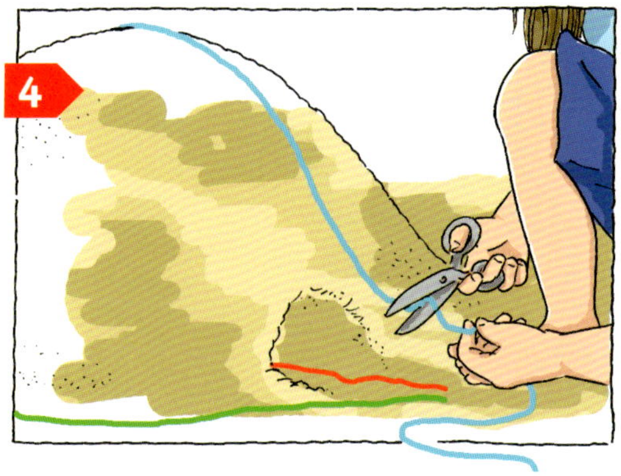

Die blaue Schnur führst du über den Berg. Schneide sie an der Stelle durch, an der sie die anderen beiden Schnüre erreicht.

Lege alle drei Schnüre nebeneinander. Welche Schnur ist am längsten? Welche zeigt dir den kürzesten Weg?

??? Was passiert?

Es gibt verschiedene Möglichkeiten, einen Berg zu überqueren. Manche Straßen führen um den Berg herum oder an ihm vorbei. Es gibt auch Tunnel, die direkt durch einen Berg führen können. Wie du an der Länge der ersten Schnur erkennen kannst, ist dies auch der kürzeste Weg.

... noch mehr Spaß!

In Sandberge kannst du nicht nur Tunnel graben, sondern auch mit ihnen spielen: Die Spieler teilen sich in zwei Mannschaften auf. Jede Mannschaft bekommt fünf Gegenstände (zum Beispiel kleine Sandförmchen, Muscheln oder Murmeln). Die Spieler jeder Mannschaft errichten einen Sandberg, in dem sie ihre fünf Gegenstände versteckt. Dann werden die Sandberge getauscht und eine Sanduhr umgedreht: Jede Mannschaft sucht so schnell sie kann nach den vergrabenen Dingen der Gegenspieler.

Weitere Titel in dieser Reihe:

Experimente rund ums Fliegen
978-3-480-22298-8

Experimente mit Licht und Schatten
978-3-480-22299-5

Experimente rund um unsere Sinne
978-3-480-22300-8

Experimente rund um die Natur
978-3-480-22301-5

Experimente mit Klängen und Tönen
978-3-480-22336-7

Experimente rund um die Farben
978-3-480-22337-4

Experimente rund um die Umwelt
978-3-480-22414-2

Experimente rund um Technik
978-3-480-22415-9

Experimente rund um die Ernährung
978-3-480-22482-1

Bildnachweis

Avenue Images: Mitte (o. l.): Blend

Blickwinkel: S. 29: S. Meyers

IStock:

S. 11: Brianna May; **S. 16 (u. l.):** Steven Robertson; **S. 17 (Mitte):** Maxim Shebeko; **S. 17 (o. r.):** Menno van Dijk; **S. 17 (u. r.):** Sharron Schiefelbein; **S. 19:** Patricia Edel; **S. 23:** Pamela Moore; **S. 26 (o. l.):** Wojtek Kryczka; **S. 26 (u. r.):** Patrick Herrera; **S. 27 (u. r.):** Soren Pilman; **S. 36 (o. r.):** Karen Moller; **S. 36 (u. l.):** Sean Jolly; **S. 37 (o.):** AVTG; **S. 37 (u. l.):** Stephan Hoerold; **S. 37 (u. r.):** pxlar8; **S. 41:** Murat Taner; **S. 15:** Jean Paul LaCount; **S. 16 (o.):** Buckeye92; **S. 33:** Majoros Laszlo; **S. 39:** Zastavkin; **S. 43:** sonyae; **Titelfoto (o. r.):** Ivonne Wierink van Wetten; **Titelfoto (u. l.):** samhs; **Titelfoto (Mitte u. l.):** José Luis Gutiérrez; **Titelfoto (Mitte u. r.):** Rich Vintage; **Titelfoto (Mitte o. r.):** Cheryl Casey

??? Was passiert?

Es gibt verschiedene Möglichkeiten, einen Berg zu überqueren. Manche Straßen führen um den Berg herum oder an ihm vorbei. Es gibt auch Tunnel, die direkt durch einen Berg führen können. Wie du an der Länge der ersten Schnur erkennen kannst, ist dies auch der kürzeste Weg.

Die blaue Schnur führst du über den Berg. Schneide sie an der Stelle durch, an der sie die anderen beiden Schnüre erreicht.

Lege alle drei Schnüre nebeneinander. Welche Schnur ist am längsten? Welche zeigt dir den kürzesten Weg?

... noch mehr Spaß!

In Sandberge kannst du nicht nur Tunnel graben, sondern auch mit ihnen spielen: Die Spieler teilen sich in zwei Mannschaften auf. Jede Mannschaft bekommt fünf Gegenstände (zum Beispiel kleine Sandförmchen, Muscheln oder Murmeln). Die Spieler jeder Mannschaft errichten einen Sandberg, in dem sie ihre fünf Gegenstände versteckt. Dann werden die Sandberge getauscht und eine Sanduhr umgedreht: Jede Mannschaft sucht so schnell sie kann nach den vergrabenen Dingen der Gegenspieler.

Weitere Titel in dieser Reihe:

Experimente rund ums Fliegen
978-3-480-22298-8

Experimente mit Licht und Schatten
978-3-480-22299-5

Experimente rund um unsere Sinne
978-3-480-22300-8

Experimente rund um die Natur
978-3-480-22301-5

Experimente mit Klängen und Tönen
978-3-480-22336-7

Experimente rund um die Farben
978-3-480-22337-4

Experimente rund um die Umwelt
978-3-480-22414-2

Experimente rund um Technik
978-3-480-22415-9

Experimente rund um die Ernährung
978-3-480-22482-1

Bildnachweis

Avenue Images: Mitte (o. l.): Blend

Blickwinkel: S. 29: S. Meyers

IStock:
S. 11: Brianna May; **S. 16 (u. l.):** Steven Robertson; **S. 17 (Mitte):** Maxim Shebeko; **S. 17 (o. r.):** Menno van Dijk; **S. 17 (u. r.):** Sharron Schiefelbein; **S. 19:** Patricia Edel; **S. 23:** Pamela Moore; **S. 26 (o. l.):** Wojtek Kryczka; **S. 26 (u. r.):** Patrick Herrera; **S. 27 (u. r.):** Soren Pilman; **S. 36 (o. r.):** Karen Moller; **S. 36 (u. l.):** Sean Jolly; **S. 37 (o.):** AVTG; **S. 37 (u. l.):** Stephan Hoerold; **S. 37 (u. r.):** pxlar8; **S. 41:** Murat Taner; **S. 15:** Jean Paul LaCount; **S. 16 (o.):** Buckeye92; **S. 33:** Majoros Laszlo; **S. 39:** Zastavkin; **S. 43:** sonyae; **Titelfoto (o. r.):** Ivonne Wierink van Wetten; **Titelfoto (u. l.):** samhs; **Titelfoto (Mitte u. l.):** José Luis Gutiérrez; **Titelfoto (Mitte u. r.):** Rich Vintage; **Titelfoto (Mitte o. r.):** Cheryl Casey